Realidad y apariencia

La apariencia es la forma con la
que la imaginación viste la
realidad.

ÍNDICE

Vida

CAMBIO

Hay momentos de cambio
de convertirse en viento rápido
modificar la melodía
para no dejar de sentirla
usar acordes inéditos
iniciar el baile ligeros
modificando el paso
con alas en los pies
mudar la piel
volverse auténtico ser
despertar del sueño
para iniciar uno nuevo
cambiar la suerte
hacerse fuerte
limpiar la niebla del cristal
experimentar mutación existencial
encender nuevas antorchas
apagar las viejas historias
dejar atrás los abrazos huecos

borrar miedos

intentar olvidar

dejar caer los lastres

derribar los muros

crear diferentes caminos

soltar pesos pesados

para viajar livianos

liberar el alma

sentir la calma

restar para sumar

dejarse llevar por el empuje

del avance repentino

que lleva al certero destino

avivar el fuego interno

estimular el deseo intenso

disfrutar del descubrimiento

del misterio, los retos y el

conocimiento

que se esconde en el futuro

en el que nos adentramos

a cada minuto.

VUELA

No te sientes a esperar

deja crecer tus alas

hazlas fuertes

vuela lejos

a lugares ignotos

recolecta sensaciones

que no se pueden comprar

respira hondo

llena tus pulmones

de aire fresco

de aroma

de tiempo intenso

amanece cada día

a un nuevo comienzo

en el que fluir

con ojos inquietos

encuentra las sorpresas

que se esconden

en recónditos rincones

deja que tu existencia

sea tierra fecunda

en la que tus sueños

se hagan vida

palpita con fuerza

aviva tu fuego interno

siéntete ser único

pequeño universo perfecto

escribe con mano firme

en el libro de los recuerdos

capítulos excelsos

encuentra complicidad

en las miradas del camino

lanza al pozo del olvido

el dolor que no tiene sentido

los héroes caídos

la difícil ausencia
las inclemencias sufridas
eso sí
archiva en tu memoria
las lecciones aprendidas
busca ser siempre feliz
hazte faro que seguir
aprecia lo bueno que hay en ti

para Cris

VIAJERA

Quiero hacerme viajera
sin destino certero
sin maletas
con las manos libres
y las piernas inquietas
tatuar la mirada
del color de las flores
llenarme de vida indómita
al respirar aire de bosque denso
hacerme aprendiz de Pachamama
emboscarme en el viento
sentirme eterna cerca del cielo
descubrir que ahora es siempre
dejar de ser piel, de ser cuerpo
para ser yo
hacer preguntas

encontrar respuestas

buscar paraísos

aventurándome en el destino

contemplando estrellas

ser parte del infinito

llenarme de sueños

escuchar...

el viejo cantar del río

la vital melodía del mar...

llevo conmigo

un nombre ausente

de silencios desnudos

que late en mí

dormido perenne

QUIERO

QUIERO dejar a mi imaginación

pirata

guiar el arca de los sueños

seguir el vuelo de la mariposa

surcando mundos de colores y flores

que huelen a vida fresca

llenar mi cuerpo

del oxígeno de lo inesperado

saborear el camino a cada paso

descubrir pequeños paraísos

que anidan escondidos

en humildes rincones

huir de esos destinos ciertos

que son infiernos
romper los frenos
viajar sin brújula ni sextante
sin buscar horizonte
fluir, evolucionar, amar...siempre
amar

Busco la libertad
en un laberinto
de muros inmensos
enladrillados de mentiras
donde habitan
pasos perdidos
de soledad lluviosa
sin encontrar salida
luces intensas
ciegan las pupilas
imágenes confusas
nublan la retina
divergen la realidad
para evitar la huida
que permita avivar
la verdadera vida.

Inhumano

En la tierra yerma

de páramos secos

sopla áspero el viento

entre edificios muertos

nada se escucha

las semillas

yacen marchitas

ya no hay vientres

que den vida

no se oyen la risa

ni el llanto

ni ningún canto

no hay madres

que amamanten

no hay espejos

que reflejen rostros

ni apasionados besos

ni historias de amantes

ni mentes brillantes

ni civilizaciones

ni seres civilizados

ni campos de cultivos

nadie puede leer

los códigos escritos

ni mirar las estrellas

nada deja huellas

ni piensa el universo

ni compone versos

no hay navegantes

en los mares

la tecnología descansa inerte

sin manos que la oriente

fue un caminar sin sentido

hacia el suicidio colectivo

la Tierra ya se regenera

sin ojos que la miren

ni pulmones que la respiren

en gélida soledad

desierta de la humanidad

CATEGORÍAS

En este mundo fragmentado

todo está clasificado

jerarquizado

categorizado

en nociones insensibles frías

percepciones distorsionadas

cúmulos de prejuicios

divisores de humanidad

que juzgan pieles

restan géneros

aíslan edades

separan credos

encierran en fronteras

justifican abusos

repudian diversidades

desvalorizan variables

coartan la libertad

limitan el entendimiento

confinan el sentimiento.

EN LA TIERRA NEGRA

En la tierra negra

la madre tierra

de gente ébano

se cosechan bombas

se vive entre sombras

de humo denso

En la tierra negra

la esperanza nace yerma

entre la violenta vesania

de la existencia muerta

arde rápido la inocencia

en los escombros

de la tristeza

brotan lágrimas secas

los sentidos sin sentido

se han endurecido

los sueños han huido

En la tierra negra

los testigos son mudos

los gritos sordos

los derechos ciegos

ciclópeos muros de silencio

se levantan inconmovibles

ante el gran expolio

de los frenéticos indignos

es difícil escalar la indiferencia

Nadie cura la herida abierta

SAHARAUIS

Escondidos

entre las dunas sin memoria

viven los hijos de las nubes

envueltos en un siroco

de soledad, incertidumbre y rutina

Entre visiones de espejismos

acuosos

duermen en la noche oscura

los suspiros de esperanza

esperando el amanecer

los cantos libres del nuevo día

el retorno del olvido

No pienses en las manos ajadas

en la rodillas raídas

las voluntades vencidas

las gentes vejadas

sigue creyendo

que no va contigo

desprecia al igual

siéntete especial

créete distinto

no sigas tu instinto

se inconsciente

del fraude consciente

no te sientas humanidad

se sólo superficialidad

no busques derechos

paga por ellos

no tengas

la mente inquieta

que siga la fiesta

Un día quizás

despiertes

y te encuentres

que la rodilla raída

la voluntad vencida

la mano ajada

y la persona vejada
eres tú
y lo dejaste pasar
sin hacer nada.

EXILIADOS

Caminantes a ningún lado
olvidados cual náufrago
cortadas las raíces
con violencia
se hicieron ausencia
secas identidades
miles de soledades
de vida vaciada
en mitad de la nada
prisioneros libres
cargando con el desarraigo
por el camino cansado
sin clara guía
vuelan cual semillas
huyendo de lo estéril
a buscar suelo fértil
en el que brotar
y encontrar paz.

EL DIAMANTE

pétreo sudor de minería esclava
crueldad violenta de la guerra
sin tregua

lagrimas de cristal quebrado
de niño soldado
abuso, miseria, hambre
codicia obscena de traficante
saqueo extranjero
cadena de mentiras repetidas
vidas perdidas
único valor supremo el dinero
gema brillante pendente
sobre un busto insustancial
de cabeza superficial inconsciente.

LAS MENTIRAS DEL PASADO

Levantaron las cenizas del pasado
con vientos voceros de mentiras
las bañaron de rabia ponzoñosa
crearon pozos sin fondo de oprobio
donde enterrar verdades vivas
desfiguraron el rostro de la memoria
quedaron rotos los juicios
para entender los tiempos remotos
despedazaron la historia
dejaron sin cimientos el presente
nadie es consciente
sin el testimonio cierto de lo pretérito
perdido el conocimiento
el futuro de cambio se hace
evanescente

se convierte en un cambalache

inconsciente .

MUNDO RECTO

Encorsetados mundos irreales

de naturalezas artificiales

geometrías planas

pensamientos lineales

vidas siempre paralelas

de coordenadas regulares

visiones cuadriculadas

trayectorias segmentadas

sentimientos digitales

dogmas cuadrangulares

infierno de líneas rectas

de rígidas rectilíneas fronteras

Cálido palpitar

QUIERO DESVESTIRTE

Quiero desvestirte
de apariencias
romper tus defensas
ir más allá de la piel
llegar
a lo más profundo
del puro ser
que se abriga en ti
sostener
tu cálido palpitar
en mis manos
acariciar
con suavidad
emociones
delicadas
frágiles
como el cristal

perderme
en tus complejidades
hacer vibrar
las firmes cuerdas
de tus sensibilidades
sentirte
sin límites
encontrar
tu verdad
tus íntimos anhelos
arropar tus sueños
mecer como el mar
tus sentimientos
descubrir
tus escondidas vivencias
sin vetos
hacerme guardiana fiera
de tus secretos
emocionarme con tu desnudez
darte cobijo en mí
amarte más después.

SED

Tengo sed
sed
de verte
de beberte
a sorbos
lentamente

saboreando

con avidez

cada gota

de tu esencia

sintiendo

como alivias

mi polidipsio anhelo

de ti

como hidratas

mis emociones

como humedeces

mi cuerpo

hasta convertirlo

en río agitado de deseo

eres a veces puro alcohol

que me emborracha

a veces agua fresca

que me regenera

a veces remolino

que me arrastra

intensa cascada

que abre abismos

suave lluvia

que relaja

blanca nube

que nubla el sentido

refrescante rocío

que me despierta

irisado arcoíris

de esperanza...
siento sed insaciable
sentimiento seco
cuando la distancia
nos separa.

DIOSES

Sintámonos dioses
poderoso polvo de estrellas
construyendo su propio universo
tornemos en abrasador calor
el frío glacial del vacío infinito
encendamos el amanecer de un
nuevo mundo
donde el desierto florezca de vida
gestando una Arcadia de mitología
íntima
seamos un único mapa de piel sin
fronteras
escribamos un capítulo de nuestra
biografía
que nos deje cicatriz eterna en la
memoria

COGE MI MANO

coge mi mano
guíame con dulzura
a través del campo esmeralda

salpicado de amapolas grana
para adentrarnos en el bosque
denso
enséñame el idioma intrincado
de los árboles y la manigua
la música silenciosa de la silva
llena mi sed inquieta de saber
quiero embriagarme del olor fresco
de la foresta mezclada con tu
esencia
mientras aurea la tibia luz
se filtra en la espesura
pintando intensos contrastes
en los variados verdes vivaces
hazme sentir
parte del todo
parte de ti... en mí

LO QUE SE SUEÑA

Todo lo que se sueña
merece siempre la pena
cojamos las amapolas
de la corona de Morfeo
deshaz con tu mirada
las tinieblas y sombras
vámonos ahora
sin espera
toma la barca solitaria
del deseo

sin miedo a la distancia
adentrémonos en el océano
nublada la razón
por la pasión
dejémonos guiar por el viento
con destino cierto
a Citerea
quiero perderme
en el paraíso de tus brazos
en el calor de tu cuerpo
hacerme plena
sentir que los sentidos
sienten y se abren agitados
para elevarme hasta el cielo
hazme levantar el vuelo
en un éxtasis sagrado
que congele el momento
en un aliento de vida
imperecedero delirio
que no se olvida...

SABES

Sabes,
en ese rincón primaveral
que atesora la memoria
donde me habitas
en forma intemporal
vuelan ligeros como plumas
exuberantes sentimientos

en un jardín de deseos intrépidos
donde crecen con brío
las rosas de Afrodita e Hímero

PUNTO DE INFLEXIÓN

Fuiste ese punto de inflexión
ese instante espacio-temporal
que lo cambia todo
el rayo que hace arder el árbol en
llamas
la singularidad que expande el
universo
el manantial del que brota fresco el
río
el libro que ensancha como nada el
pensamiento
la llave forjada que abre la puerta
el momento que hace eterno el
tiempo
la semilla de la germina con fuerza
la vida
la caricia que despierta el intenso
sentimiento
la luz que ilumina la promesa del
nuevo día
en suma...
la respuesta al pertinaz enigma de la
vida

Quisiera que sintieras
en esos momentos de soledad
profunda que a veces tienes
donde tu entidad se encierra sin
puerta abierta
que no estas solo en el largo camino
de la existencia
quiero buscarte, encontrarte,
entenderte y aprenderte
ser capaz de leer cada mínimo
atisbo de tu mente
no desdeñar ni esconder ninguna
idea, ningún sentimiento
escuchar como vuelan libres tus
anhelos y desvelos
hacerte sentir que soy copartícipe de
tus pensamientos
susurrar dulcemente cada letra de tu
nombre
buscar en el lago de la oratoria el
bálsamo que te sosiegue
hacerte reír con la complicidad de
Uzume y Baubo
aprehenderte y tranquilizar tu
espacio instantáneamente
volviéndolo tan cálido e intenso
como un abrazo

quisiera simplemente que
entendieras que yo estaré ahí
siempre.

ESENCIA ÚNICA

Cuando aparece de repente
Esa esencia única de penetrante luz
se queda a vivir dentro
tornada en envolvente pensamiento
en radiante imagen permanente
en algún diminuto lugar
del universo neural
de ese solitario firmamento
sin espacio ni tiempo
que es el cerebro
 provoca un despertar
en la percepción vital
un sentimiento volcánico
que nunca más volverá
a ser experimentado
porque deja al ser emocional
para siempre sellado.

YO SERÉ

Cuando sientas
que las heridas en tus alas
te impiden reanudar el vuelo
cuando sientas
que tu fuego son solo brasas

en las que se apaga el deseo
yo seré el reparador aliento
la fuerza del huracán que haga
ascender
la llama viva que te vuelva a
encender.

VIENTO

Quisiera ser descarado viento velero
yendo y viniendo invisible en un
baile travieso
rodeando libremente tu cuerpo,
jugando con tu pelo
rozando tu rostro con la suavidad de
un beso
susurrando al oído la brisa de un "te
quiero"
haciendo en secreto vida dentro de ti

ME INUNDÉ DE TI

Frente al mar
me inundé de ti
recuerdos líquidos
yendo y viniendo
rugiendo con fuerza
memorias frescas
curvadas por el tiempo
momentos volátiles
de espuma neblinosa

muriendo en la orilla

imágenes inquietas

grisazules desde la lejanía

sabor a sal

evocando tus besos

pensamientos volando

nómadas del viento

TÚ

Bajo las estrellas del desierto

grito un nombre que no debo

siempre tú

sólo tú

nunca tú

inconsciente

el alma vuela

como diosa envuelta

en viento fresco de sentimientos

a buscar tu universo dormido

ella, escriba de olvidados secretos

de rituales de pasión eternos

moldea de vida tu cuerpo

con caricias ansiadas

en el tiempo esperadas

hace rugir tu mirada

con un océano de deseo

bebe de la fuente sagrada

respira tus besos

te hace eterno…

pero,… son sólo
sueños despiertos
mundos nublados
de ojos cerrados

Cuando estoy contigo
soy borrón
sin significado
ni significante
indescifrable
indefinida
muda
solo sentimiento
inclasificable
cuando te miro
me vuelvo
nudo complejo
de palabras
que se enredan
en un garabato extraño
de discurso confuso
sin cabo del que tirar

Pasos a destiempo

NO PUDO SER

Fuimos pasos a destiempo
en diferentes tramos del camino
separados por zarzas y tempestades
casualidad de encontrar sin buscar
una trampa del improvisado destino
un espejismo de vida
el momento excelso anocheció
arrebatando la luz del día
la alegría se escondió en un rincón
dejando espacio a la agonía
no entendimos las pistas
las confesiones se quedaron mudas
los significantes sin significado

los sentimientos se hicieron nudos
amaneció el rocío en la mirada
silencioso vacío en la existencia
nunca te volverás ingrávido
ser con alas en mis abrazos
revolotearán rabiosas
las mariposas en las entrañas
nunca conocerás la locura
de tenerlo todo sin nada
hacer lo pequeño inmenso
la sensación perfecta
de la frescura
del agua en la piel
convertir el desierto en edén
enredarte en multitud de sueños
conjugar todos los verbos
despertar cada uno los sentidos
desordenar los miedos
trazar infinitos planes
navegar mil universos
hacer inmediato el tiempo
ser viento
gano la cordura
te alejaste en el mar
de mi inconsciente
no se pudo remontar el vuelo
te volviste polvo etéreo
no pudiste ser real
sólo historia intima

sin olvido ni despedida.

CÓMO HUBIERA SIDO

Cómo hubiera sido
que el ímpetu de mis ojos
te hubiera dado alas
para regresar de la huida
abandonar los desiertos
soltar los miedos
para viajar a Arcadia
como hubiera sido
hacernos incorpóreos
derretir los sentimientos
en la belleza húmeda
de la inmortal Naturaleza
entre murmullos inacabables
trovadores ríos y cascadas
frescos aromas transparentes
de flores jaspeando bosques
como hubiera sido
sin indecisiones
explorar el vacío
traspasar los límites
fundar flamantes libertades
perdernos con las musas
elaborar nuevas verdades
hacernos héroes intrépidos
fluir en el espacio y el tiempo
exaltados por lo desconocido

34

disfrutar para siempre del Paraíso.

NO ME ATREVÍ

No fui capaz de atreverme
a desnudarte la mirada
a saltar al abismo de las verdades
a despejar los inquietos
interrogantes
a volar sin alas hacia los deseos
a romper barreras con hechos
a indagar senderos prohibidos
a decir sí sin miedo a los
sentimientos
a abrir las palabras a los
pensamientos
a descubrir los enigmas de tu cuerpo
quedó lacrado el "te quiero"
el prodigio de robarte un beso
todo permaneció en el borde de la
nada
el mar se hizo desolada calma
se convirtió en desesperado secreto

SIN QUE TU LO SEPAS

cuando el ulular del viento
te acaricie suavemente
oirás en su indescifrable música
tu nombre
saliendo susurrante de mis labios

cuando el sol tibie tu piel

estará la luz de mi mirada

deseando recorrer tu cuerpo

cuando camines sólo

estaré invisible

siempre a tu lado

cuando sueñes

me encontrarás

en cualquier rincón perdido

del mundo onírico

cuando desfallezcas

silenciosamente te animaré

para que te levantes de nuevo

cuando rías

te miraré desde lejos

disfrutando de tu alegría

quizás algún día tu memoria

me busque

y pases como leve brisa

por el recuerdo

de ese ser intangible

que seré yo

unido a ti

sin que tu lo sepas.

LA DESPEDIDA

Hoy he despedido

los restos mortales

del amor no vivido

no he sentido pena por él
ni por mí...
sino por ti
porque eres tú
el que nunca sabrá
todo lo que fue
no llegarás a conocer
ni la belleza
que lo embargaba
ni la profundidad
con que te amaba
ni la grandeza
con que te miraba
quizás algún día
nuestras sombras
busquen su calavera
para besar la tristeza
de su inexistencia.

DONDE ESTÉS

Estés donde estés
seré recuerdo futuro
de olvido recordado
vínculo desapercibido
que brotará de ti
en momentos inesperados
una voz del pasado
sacudiendo la nostalgia
del camino renunciado

que podría haber sido

en el hoy inexistente

TRÉMULO INSTANTE

Fuiste ese trémulo instante de largo

palpitar desbocado

plenitud excelsa que hace al

corazón cautivo

descontrol que se hace dueño del

sentimiento

veneno de amor que riega la carne

con deseo

transformador milagro intemporal

que no volverá.

CÓMO

Cómo parar

las olas del mar

rompiendo en la orilla

que vuele lejos la semilla

cómo impedir

al corazón sentir

detener ese palpitar

que conjuga

un verbo amar

sin sentido

de un tiempo

que se ha ido

a buscar el olvido

cómo evitar

que la estrella brille

que el cuerpo grite

el nombre prohibido

Y un día

alguien llega

y es alegría

y es tristeza

porque abre la ventana

pero cierra la puerta

Tu eras aún río

naciendo en la montaña

yo era ya mar bravío

tu empezabas a revolotear

alejándote del nido

yo volaba muy alta

entre nubes argénteas

sin necesidad de esperas

tu incipiente llama

yo ardiente hoguera

tú brote en la caña

yo dulce fruto maduro

esperando ser semilla

Tu aún despertabas

al amanecer

de la tibia mañana

yo disfrutaba

del cálido atardecer

en la inmensa playa

a pesar de la distancia

tu mirabas mis densas alas

yo admiraba tu audacia

la ternura en tu mirada

quise encontrar el camino

dentro del laberinto

del tortuoso sentimiento

gritar desde la orilla

todo lo que sentía

vaciar la imposibilidad

hacer el sueño realidad

pero hay verdades insoslayables

que la congruencia eclipsa

y convierte en inalcanzables

MI QUERIDO FUTURO YO

Mi querido futuro yo

te escribo

desde el epicentro de desorden

en que las turbulencias del destino

hace casi un cuadrienio

han envuelto este momento

se que tú ya disfrutas

de las mieles del olvido

de las alegrías del camino

que el desierto de lo adverso
se ha mudado en paraíso
ando con paso ligero
a encontrarme contigo

VOY A PARIR ESTE AMOR FUERA DE MI

Voy a parir este amor fuera de mi
en el lejano infinito
hasta que los vínculos diluidos
permitan nacer la independencia
deshaciendo los sentimientos
de visiones idealizadas,
fracturando las cadenas
para volar en libertad
para aprender a ser yo
sin el reflejo del otro.

DE REPENTE

De repente
llega el invierno
las ilusiones secas
se caen
se alejan
arrastradas por el viento
la primavera se niega a florecer
y el frío se hace piel

EL GRAN VACÍO

A veces algo hondamente querido
desaparece de golpe

se crea un vacío abisal

tan grande como un universo

tan caliente y frío como un desierto

que nada puede llenar

la mente y el cuerpo

tienden a caer

en la profundidad

la muerte ahoga la vida

la inexistencia domina

la existencia duele

se hace insoportable

pierde su significado

desaparece la vitalidad

la ilusión y la alegría

sólo queda la herida

que el futuro cauteriza.

SER PIEDRA

A veces quisiera ser piedra

parte impertérrita del paisaje

para no sentir lo que siento

dejarme llevar por el tiempo

rodar hasta lo abisal

del agitado mar

esperar la eternidad

en la solitaria profundidad

mecida en el frío líquido

donde habita el olvido

Naturaleza

INTERRRELACIONADO

Cuando miro la naturaleza

entiendo la existencia

interconexión infinita

sinfonía de Tierra Gaia

sustancia integrante

del inmenso universo

se comprende cierto

que la muerte es vida

que no debe ser temida

que el principio tiene fin

a veces difícil de admitir

que nada es un todo

que todos son partes

estructuras estructurantes

fracciones fragmentadas

complejidades limitadas

divisiones divisibles

a veces invisibles

de entidades superiores

atadas sin saberlo

de lo infimo a lo inmenso

un intenso nexo de correlación

desde la minúscula partícula

a la constelación.

HUBO UN TIEMPO

Hubo un tiempo

en que habitábamos

un mundo sin dueños

de espacios inmensos

donde se podía escoger lugar

hacía el que transitar

a buscar sueños

hubo un tiempo

en que todos contaban

y se cuidaban

y todos importaban

y eran importantes

no había gerifaltes

hubo un tiempo

en que no había deudas

ni rejas

ni fronteras

ni grandes guerras

ni impuestas miserias

Hubo un tiempo

en que poseíamos

los momentos

vida marcaba en tiempos

de sol y luna

podíamos ser átopos

sentir que la existencia

es libremente tuya

hubo un tiempo

de ser naturaleza

de amar la belleza

de bosques, ríos y mares

de contemplar las estrellas

de ser bohemios itinerantes

MI ÁRBOL

Nació

en la oscuridad profunda

nutrido de humus

regado de lluvia

46

diminuta semilla

buscando luz

brotes de aire fresco

bañados de sol

prodigio

de clorofila transformadora

fotosíntesis de vida

que se desarrolla imponente

amigos de tiempo

disfruto cobijada en su sombra

me protege

nos cuidamos

el suave sonido de sus hojas

susurra con dulzura mi nombre

me abraza con sus nervudas ramas

donde me gusta esconderme

me pierdo

en la primordial complejidad de su

ser

su espacio es mi espacio

respira tranquilidad

sosiega mis inquietudes

me envuelve su aroma

que me llena lentamente

me acaricia sin tocarme

me alimenta con sus frutos

soy yo cuando está él.

Efímeras vidas líquidas

rebulléndose en el aire

en predestinado viaje

de recorrido inconsciente

cumpliendo el oráculo

del vertiginoso precipitar

hasta disiparse

en el suelo distante

donde brilla

un mundo espejo

cristalino reflejo

de la realidad

flores de paraguas

se abren

jaspeando

las mojadas calles

de un abigarrado baile

de danzantes acuciantes

que un rumor tintinando

va sus pasos guiando

desde la ventana

la lluvia induce

nostalgias y sueños

a lo lejos

en el bulevar

dos bocas mojadas

disfrutan abrigadas

del calor fresco

del mejor beso.

Acacia amarilla

camelia

de lirios malvas

tulipanes jaspeados

loto perfecto

mirto de pensamiento negro

no temo al rododendro

me quedo con la rosa azul

y el lirio rojo dentro.

Traducción del significado

Acacia amarilla (amor secreto)

camelia (te querré siempre)

de lirios malvas (tus ojos me

enloquecen)

tulipanes jaspeados (tienes unos

ojos perfectos)

loto perfecto (elocuencia)

mirto de pensamiento negro

(verdadero amor, tristeza de amor

sin esperanza)

no temo al rododendro (peligro)

me quedo con la rosa azul (eterna

espera)

y el lirio rojo dentro. (amor ardiente)

Tiempo

ALGÚN DÍA

algún día seré remolino de aire
incorpóreo
infinitud inaprensible e inalcanzable
sin tiempo, ni espacio, ni horizontes
todos los pequeños mundos que me
habitan
se dispersarán en otras existencias
en infinitesimales partículas
¿dónde se alojarán las diminutas
fracciones
de mi corazón?

¿en una pequeña planta, en una
gota de lluvia, en otro latido...?
¿y las emociones que cobijó?
¿Dónde se irán?...¿se las llevará el
olvido?

EL TIEMPO

Tiempo diacrónico, sincrónico
asincrónico, isócrono, ucrónico
que es todo y nada
que es la vida misma
en la que se imbrica
segmento en el espacio
de periodo limitado
al que estamos condenados
intentamos encarcelarlo
determinarlo y parcelarlo
en minutos, segundos
meses y años
pero como el agua
nadie lo atrapa
se acorta y se dilata
se dispersa y se concentra
percibido por el pensamiento
el tiempo es impreciso
efímero o duradero
no es un mecanismo
sino un intangible fluido
variable en intensidad

no se puede vender o comprar
coger, atrapar o atesorar
el tiempo es indefinible
inaprensible
sin sabor, olor o color
siempre libre
no tiene dueños
es indescriptible
¿tiene tiempo el amor?
¿qué tiempo tienen
las palabras o los sueños?
¿hay tiempo en un beso?
¿en el fresco amanecer
el anochecer o las estrellas?
¿cuál es el tiempo
de las inexistencias
del pasado y del futuro?
¿cuál es el tiempo del mundo?
¿tiene tiempo el olvido?
¿tiene sentido de tiempo la suerte?
¿tiene tiempo tu recuerdo
y aquel momento?...
a veces perdemos el tiempo
a veces el tiempo nos pierde
a veces pasamos el tiempo
a veces es como un desierto
otras una gigantesca cascada
que se pierde agitada
todos nos cargamos de tiempo

a lo largo de nuestra historia
escondiéndose secreto
sin que seamos conscientes
en nuestra memoria
se manifiesta en las expresiones
la experiencias y las emociones
todos nos haremos alforjas de
tiempo
llenas de descubrimiento
tu eres tiempo yo soy tiempo.

TIEMPO PRESENTE

Ayer jugué con el tiempo
de lejos parecía infinito
de cerca un suspiro
casi acerté a sentirlo
pero cuando
intenté atraparlo
se volvió pasado
sólo memoria
en un impulso
intenté traerlo
del futuro
pero como una noria
mudaba en ahora
constantemente
fui entonces consciente
que el tiempo era yo
un cauce fluyente

de tiempo presente

Como sería
por un momento
vivir fuera del tiempo
donde no hay dolor
ni sentimiento
tomar distancia
aumentar la perspectiva
para ver las cosas como son
y no como las siento

En el viaje a través del tiempo y el
espacio
innumerables cruces de caminos
miles, millones de pasos solitarios
buscándose a si mismos
seres no sólidos, líquidos
en un movimiento impreciso
soledades internas
seres ciegos con sentidos
indagando en otros miradas reflejas
convertidos en visiones
espejadas en semejantes
iniciando viajes introspectivos
a veces delirantes

pensando en encontrarse en la

lejanía

sin saber que la vida vacía

va con ellos

también lejos

Mujer

Ese instante
en que te sientes tan inmensa e
indefinible como el mar
en que eres pura luz de luna y calor
de sol
en que la dicha se inclina ante ti
en que todas las puertas y ventanas
están abiertas a la posibilidad
en que el aire se hace remolino para
acariciar tu pelo y tu cuerpo
en que no son necesarias flechas ni
mitologías que anclan el corazón
en que pierden razón los laberínticos
paraísos de ausencias
en que tu espejo no es la belleza de
Venus sino la sabiduría de Atenea

en que tú eres tu mejor inagotable
aventura guiada por la brújula del
azar.

En el amanecer
quiero ser cual Gea origen de la vida
diosa del mar como Anfítrite
nacer de su espuma como la
sensual Afrodita
para volar rápida en la brisa tornada
en Aura
como Iris llevar a las nubes en mi
cántaro el agua
hacerme Rea para sentir con
profundidad la naturaleza
Imbuirme de la fuerza de Nike
llenarme de la sabiduría de Metis y
Atenea
Manejar la magia Circe y el oráculo
de Asteria
aceptar el destino aliviado por Elpis,
controlado por Tique
Ya en la oscuridad dejarme llevar
por Nix y Selene
convertirme en ente descansando
etérea en Pasítea.

Arrastró hasta el acantilado

el pesado saco

henchido de astillas

astillas de sabor amargo

de odio a ratos

astillas de ojos morados

de abrazos negros

astillas de complejos

inducidos a gritos

de miedo de hijos

con fuerza, con ansia

lo arrojó al mar

sin mirar atrás

cogió la rabia

los restos

de amor muerto

el sentimiento seco

sin alimento, sin sabia

se desnudó de miedo

se alejó con paso férreo

para adentrarse

en un paisaje nuevo

y volverse en la distancia

gran árbol recio

pleno de semillas.

REFLEJO

Reflejo de mi misma

en cristal que no me ve
espejo que mira sin retina
desde la orilla opuesta
contemplo
el contorno corpóreo
frontera
de la verdadera esencia
esos ojos mudos
único umbral de acceso
al ente silente
que habita en mí
casualidad única de ser
zarandeándose en el destino
ese abismo existencial
aparentemente sin sentido
donde nada es mío
todo es prestado
hasta la efímera vida

MUJER LIBRE

No quiero encajar
en los límites marcados
ajustar mi ser
al dibujo constreñido de mujer
no me gustan los guiones
ni me importan las opiniones
no quiero ser definición de
diccionario

ni marcar mi camino por el
calendario
quiero dejar mis propias huellas
sin caminar sobre las ajenas
no quiero vendas en los ojos
ni fronteras
ni puertas con cerrojos
que no me silencien la voz
quiero navegar veloz
en mi barco a la deriva
sin ideas preconcebidas
disfrutar de las variadas libertades
en las inmensidades del horizonte
no quiero remolinos en mares
costeros
ni un mundo lleno de peros
quiero liberar el alma sin permiso
elegir los nidos donde descansar
dejar que el corazón alce el vuelo
quiero alimentar mi fuego interno
soñar que el mundo puede cambiar
quiero deshacerme de ataduras
vestirme la piel de luz de luna
componer mi propia melodía
ser mía
equivocarme sin reproches
aprender de los errores
quiero perderme en mis libros y
olvidos

que no me hablen de la cordura
o de limitar la locura
quiero sentirme feliz en las mañanas
agarrar la vida con gana

Carta de amor a un libro

CARTA DE AMOR A UN LIBRO.

Qué suerte haberte encontrado
es inasible definir
todo lo que siento por ti
cuando estamos juntos
me haces fúlgida primavera
en el fresco invierno
aún guarda mi reloj de arena
las huellas de las primeras
ardientes sensaciones contigo
escalera de caracol
de melodía ascendente
nunca he sido la misma
después de ti
me arrancaste de raíz

para hacerme semilla
de la que brota en armonía
la rosa abierta de la sabiduría
que me torna en manantial de
palabras
despertando mi imaginación vibrante
me has dado alas irisadas
con las que hacer volar
el espíritu rebelde que hay en mí
en tus vientos aventureros
se han estremecido mis
sentimientos
hasta mi íntima esencia
has modelado mis sueños
de ti aprendí a recorrer
la geografía de los cuerpos
cuando se erguían los deseos
a descubrir placeres prohibidos
Eres mi refugio secreto
cuando quiero huir del mundo
contigo me siento
independiente, grande, valiente...
enardeces mi pensamiento
despejas como el sol
las nieblas del hastío
de las sombras y la confusión
creando diáfana transparencia
de sosegado gozoso sentido
mi querido, queridísimo libro.

Pequeños fragmentos

A veces hay que soltar sueños
dejar que caigan al vacío
en el gran foso efervescente del
olvido
abrazar con fuerza los nuevos
anhelos
renovar la meta de los deseos
que nos hagan abrir las alas
para volver a volar lejos

Vidas en un tiempo coalescentes

divergieron sus volátiles caminos

por los laberínticos senderos

que bordean las aguas del Leteo

pero hay sentimientos

imperecederos

que unen sin saberlo más allá del

espacio

que son sustancia fugitiva del tiempo

él tardó toda una existencia en

entenderlo

———————————————

se tiñó el recuerdo

con la niebla del olvido

se deshizo el sentimiento

como el calor en el frío

———————————————

Te lloraré

Un camino de lágrimas

para que puedas irte

lejos de mi

———————————————

cuando creí

que había encontrado

la llave de la libertad

me quedé encerrada en ti.

———————————————

Ardiendo

en llamas

como una hoguera

de luz infinita
así es como mi mente
navega por el fuego
de tu recuerdo

———————————

Hoy he soñado contigo
me pregunto si mi sueño se besó
con el tuyo